Impressum
Verlag: BABADADA GmbH, Nedderfeld 112 , 22529 Hamburg
Geschäftsführer / Verlagsleitung: Harald Hof
Druck: Books on Demand GmbH, In de Tarpen 42, 22848 Norderstedt

Imprint
Publisher: BABADADA GmbH, Nedderfeld 112 , 22529 Hamburg, Germany
Managing Director / Publishing direction: Harald Hof
Print: Books on Demand GmbH, In de Tarpen 42, 22848 Norderstedt

# school

## اسڪول

klaslokaal
ڪلاس روم
delen
186/2
bord
speelplaats
leerkracht
استاد
papier
schrijven
لکڻ
pen
پين
bureau
ميز
liniaal
boek
leerling
شاگرد

schooltas

بستو

pennenzak

پينسل باڪس

potlood

پينسل

puntenslijper

پينسل شارپنر

gom

ربڙ

tekenblok

ڊرائنگ پيڊ

tekening

..................

ڊرائنگ

verfborstel

..................

پينٽ برش

verfdoos

..................

پينٽ باڪس

schaar

..................

قينچي

lijm

..................

ڪئونر

werkboek

..................

مشق ڪرڻ واري ڪاپي

huiswerk

..................

هوم ورڪ

nummer

..................

عدد

optellen

..................

جوڙ ڪرڻ

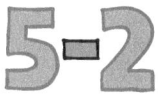

aftrekken

..................

ڪٽ ڪرڻ

vermenigvuldigen

..................

ضرب ڪرڻ

rekenen

..................

حساب ڪرڻ

letter

..................

خط

alfabet

..................

الفابيٽ

woord

..................

لفظ

tekst

..................

مضمون

Lezen

..................

پڙهڻ

krijt

..................

چاڪ

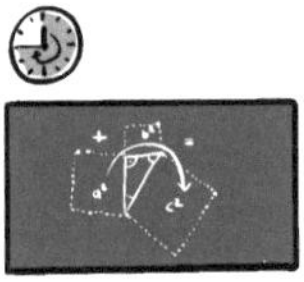

les

..................

سبق

klassenboek

..................

رجسٽر

examen

..................

امتحان

certificaat

..................

سرٽيفڪيٽ

schooluniform

..................

اسڪول يونيفارم

onderwijs

..................

تعليم

encyclopedie

..................

انسائڪلوپيڊيا

universiteit

..................

يونيورسٽي

microscoop

..................

خوردبيني

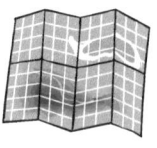

kaart

..................

نقشو

papiermand

..................

ردي جي ٽوڪري

hotel
هوٹل

jeugdherberg
هاسٹل

wisselkantoor
رقم تبدیل كرائٹ جي آفیس

koffer
سوٹ كیس

auto
كار

Taal

بولی

ja / nee

ها یا نه

oké

صحیح آهی

hallo

هیلو

vertaler

مترجم

bedankt

مهربانی

Hoeveel kost ...?

هن جي قيمت گهڻي آهي.....؟

Ik begrijp het niet

مون کي سمجهه ۾ نٿو اچي

probleem

مسئلو

Goedenavond!

گڊ ايوننگ

Goedemorgen!

صبح بخير

Goedenavond!

شب خير

Tot ziens

الوداع

richting

طرف

bagage

سفري سامان

zak

بيگ

rugzak

پويان ٻڌڻ وارو بيگ

gast

مهمان

kamer

ڪمرو

slaapzak

بستر وارو بيگ

tent

خيمو

toeristeninformatie

سیاحت بابت معلومات

strand

سمنډ کنارو

kredietkaart

کریډټ کارډ

ontbijt

ناشتو

lunch

لنچ

avondeten

ډنر

ticket

ټکټ

lift

لفټ

postzegel

مهر

grens

سرحد

douane

ګاهک

ambassade

سفارتخانو

visum

ويزا

paspoort

پاسپورټ

# transport
## آمد و رفت

vliegtuig
هوائي جهاز
schip
سمندري جهاز
brandweerwagen
باه واسائڻ واري گاڏي
bus
بس
vrachtwagen
motorboot
fiets
سائيڪل
auto

veerboot

فيري

boot

ٻيڙي

motor

موٽر سائيڪل

politiewagen

پوليس ڪار

racewagen

ريسنگ ڪار

huurauto

رينٽل ڪار

carpoolen

چشمیرنگ کار

sleepwagen

چکن وارو ٹرک

vuilniswagen

کچری واري ٹرک

motor

کار

benzine

فیول

benzinestation

پیٹرول اسٹیشن

verkeersbord

ٹریفک جا نشان

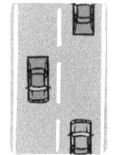

verkeer

ٹریفک

file

ٹریفک جام

parkeerplaats

کار پارک

station

ٹرین اسٹیشن

sporen

پٹڑیوں

trein

ٹرین

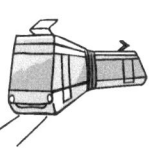

tram

ٹرام

wagon

ویگن

helikopter

هيليڪاپٽر

luchthaven

ايئرپورٽ

toren

ٽاور

passagier

مسافر

container

ڪنٽينر

karton

ڊبو

kar

ريڙهي

mand

ٽوڪري

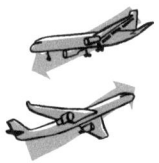

opstijgen / landen

اڏرڻ / زمين تي لهڻ

## stad

## شهر

dorp

ڳوٺ

stadscentrum

شهر جو مرڪز

huis

گهر

bioscoop
سینیما
reclame
اشتهار نامو
straatlantaarn
اسٹریٹ لیمپ
straat
taxi
ٹیکسي
kiosk
اسنیک شاپ
voetganger
پیدل هلڻ وارن لاء رستو
trottoir
پکو رستو
zebrapad
زیبرا کراسنگ
vuilnisbak
بن
kruispunt
کراسنگ
verkeerslichten
ٹریفک لائٹس

hut

جهوپڑي

woning

فلیٹ

station

ٹرین اسٹیشن

stadshuis

ٹائون هال

museum

عجائب گهر

school

اسکول

universiteit

يونيورسٽي

bank

بينڪ

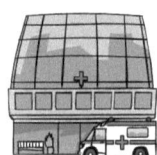

ziekenhuis

اسپتال

hotel

هوٽل

apotheek

فارميسي

kantoor

آفس

boekwinkel

ڪتابن جي ڪتاب

winkel

دڪان

bloemenwinkel

گلن جي دڪان

supermarkt

سپر مارڪيٽ

markt

مارڪيٽ

warenhuis

ڊپارٽمينٽ اسٽور

vishandelaar

مڇي جي دڪان

winkelcentrum

شاپنگ سينٽر

haven

بندرگاه

park

پارک

bank

بینچ

brug

پل

trap

ناکن

metro

زیر زمین میٹرو

tunnel

سرنگ

bushalte

بس اسٹاپ

bar

شراب خانہ

restaurant

روسٹورینٹ

brievenbus

پوسٹ باکس

straatnaambord

اسٹریٹ سائن

parkeermeter

پارکنگ میٹر

zoo

چڑیا گھر

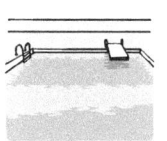

zwembad

سوئمنگ پول

moskee

مسجد

boerderij

فارم

milieuverontreiniging

آلودگي

kerkhof

قبرستان

kerk

چرچ

speelplaats

راند جو ميدان

tempel

مندر

# landschap

## زميني منظر

blad
پتو
wegwijzer
سائن بورڊ
weg
رستو
weide
ساوڪ واري زمين
steen
پٿر
boom
وڻ
wandelaar
پيادل هلڻ وارو هائيڪر
rivier
دريا
gras
bloem
گل

vallei

وادي

heuvel

جبل

meer

ڍنڍ

bos

گل

woestijn

ريگستان

vulkaan

اتش فشان

kasteel

قلعو

regenboog

انڊلٺ

paddenstoel

کنڀي

palmboom

کهجي جو وڻ

mug

مڇر

vlieg

مک

mier

ڪيولي

bijl

ماکي جي مک

spin

مڪڙي

kever

......................

ٿنڊڻ

kikker

......................

ڏيڏر

eekhoorn

......................

نوريڙو

egel

......................

چاهو

haas

......................

خرگوش

uil

......................

چپرو

vogel

......................

پکي

zwaan

......................

بدڪ

wild zwijn

......................

سوئر

hert

......................

هرڻ

eland

......................

آمريڪي هرڻ جو قسم

dam

......................

ڊيم

windturbine

......................

هوا سان هلڻ واروٽربائين

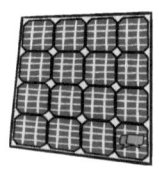

zonnepaneel

......................

سولر پينل

klimaat

......................

آب و هوا

ober
menu
ڪاڌي جي فهرست
stoel
ڪرسي
soep
سوپ
pizza
bestek
tafelkleed
ٽيبل جو ڪپڙو

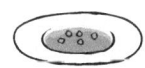

voorgerecht
..................
استارٽر

hoofdgerecht
..................
مين ڪورس

nagerecht
..................
ڪاڌي ڪانپوءِ ڪائڻ وارو مٺو

drankjes
..................
مشروب

eten
..................
خوراڪ

fles
..................
بوتل

fastfood

فاسٽ فوڊ

street food

اسٽريٽ فوڊ

theepot

ڪيٽلي

suikerpot

شگر باؤل

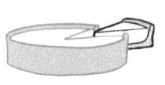

portie

ٽڪڙو

espressomachine

ايسپريسو مشين

kinderstoel

اونچي ڪرسي

rekening

بل

dienblad

ٽري

mes

ڇري

vork

ڪانٽو

lepel

چمچ

theelepel

چانهن جو چمچو

serviette

سرويٽي

glas

گلاس

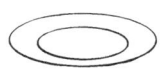

bord

پليٽ

soepbord

سوپ پليٽ

schoteltje

ساسر

saus

چٽني

zoutvatje

لوڻ داني

pepermolen

مرچ پيسڻ وارو

azijn

سرڪو

olie

ڪاڻو پچاڻ وارو تيل

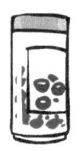

kruiden

مصالحو

ketchup

ڪيچ اپ

mosterd

سرنهن

mayonaise

مايونيز

# supermarkt

## سپر مارڪيٽ

aanbieding
خصوصي آفر
klant
خريدار
zuivelproducten
fruit
winkelwagen

slagerij

گوشت جي دڪان

bakkerij

بيڪري

wegen

وزن ڪرڻ

groenten

سبزيون

vlees

گوشت

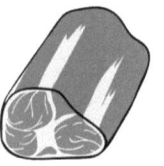

diepvriesvoedsel

ڄميل کاڌو

charcuterie

سرد گوشت

conserven

ڊبي ۾ بند کاڌو

waspoeder

واشنگ پاؤڊر

snoep

مٺائي

huishoudproducten

گهريلو سامان

schoonmaakproducten

صفائي ڪرڻ وارا پراڊڪٽس

verkoopster

سيلز پرسن

kassa

ڪيش رجسٽر

kassier

خزانچي

boodschappenlijstje

خريداري جي فهرست

openingstijden

اوقات ڪار

portefeuille

پرس

kredietkaart

ڪريڊٽ ڪارڊ

tas

بيگ

plastieken zakje

پلاسٽڪ بيگ

# drankjes

# مشروب

water

پائي

sap

جوس

melk

کير

cola

کوک

wijn

وائن

bier

بيئر

alcohol

الکوهل

cacao

کوکو

thee

چاني

koffie

کافي

espresso

ايسپريسو

cappuccino

کپيوچينو

banaan

كيلو

appel

صوف

sinaasappel

مالٹو

meloen

خربوزو

citroen

ليمون

wortel

گجر

knoflook

ٹوم

bamboe

بانس

ajuin

بصر

champignon

کنپی

noten

اخروٹ، بادام

noodles

نودلز

spaghetti

اسپيگٽي

rijst

چانور

salade

سلاد

frieten

چپس

gebakken aardappelen

تريل پٽاٽا

pizza

پيزا

hamburger

هيم برگر

sandwich

سينڊوچ

kalfslapje

گوشت جو ٽڪرو

ham

سور جي ران جو گوشت

salami

خشڪ گوشت

worst

ساسيج

kip

مرغي

braden

روسٽ

vis

مڇي

havervlokken

جو جو دليا

muesli

ميوزلي

cornflakes

ڪارن فليڪس

bloem

اٽو

croissant

ڪروسنٽ

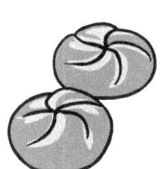

pistolet

بريڊ رول

brood

بريڊ

toast

ٽوسٽ

koekjes

بسڪٽ

boter

مکڻ

kwark

ڏهي

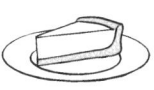

taart

ڪيڪ

ei

انڊا

spiegelei

فرائي ٿيل انڊو

kaas

پنير

ijs

آئس کریم

suiker

کند

honing

ماکي

confituur

مربو

choco

چاکلیټ اسپرید

curry

باچي

boerderij
فارم

boerderij
فارم هائوس
schuur
گدام
strobaal
پلال جوگنڍ
veld
زمين
paard
گهوڙو
aanhangwagen
ٽريلر
tractor
ٽريڪٽر
veulen
گهوڙي جو ٻچو
ezel
schaap
رڍ
lam
رڍ جو ٻچو

geit

ٻڪري

koe

ڳئون

kalf

پاڏو

varken

سور

biggetje

سور جو ٻچو

stier

ڍڳو

boerderij - فارم 27

gans

هنس

eend

بدڪ

kuiken

چوزا

kip

مرغي

haan

مرغو

rat

ڪوئو

kat

ٻلي

muis

ڪوئو

os

ڏاند

hond

ڪتو

hondenhok

ڪتي جو گهر

tuinslang

گارڊن هوز

gieter

پاڻي جو ڪين

zeis

ڏاٽو

ploeg

هر

sikkel
..................
ڏاٽو

schoffel
..................
رنبو

hooivork
..................
ڏانداري

bijl
..................
ڪهاڙو

kruiwagen
..................
هٿ سان هلائڻ واري ريڙهي

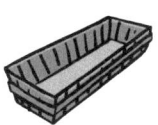

trog
..................
حوض

melkkan
..................
کير جو ڏٻو

zak
..................
ڳوڻ

hek
..................
لوڙهو

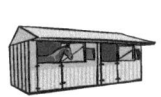

stal
..................
اصطبل

broeikas
..................
گرين هائوس

bodem
..................
مٽي

zaad
..................
ٻج

mest
..................
کهاد

maaidorser
..................
ڪمبائنڊ هارويسٽر

oogsten

فصل ڪٽڻ

oogst

فصل ڪٽڻ

yam

هڪ قسم جي ترڪاري

tarwe

ڪڻڪ

soja

سويا

aardappel

پٽاٽو

maïs

مڪائي

koolzaad

توري جو ٻج

fruitboom

ميون جو وڻ

maniok

ڪساوا

graan

اناج

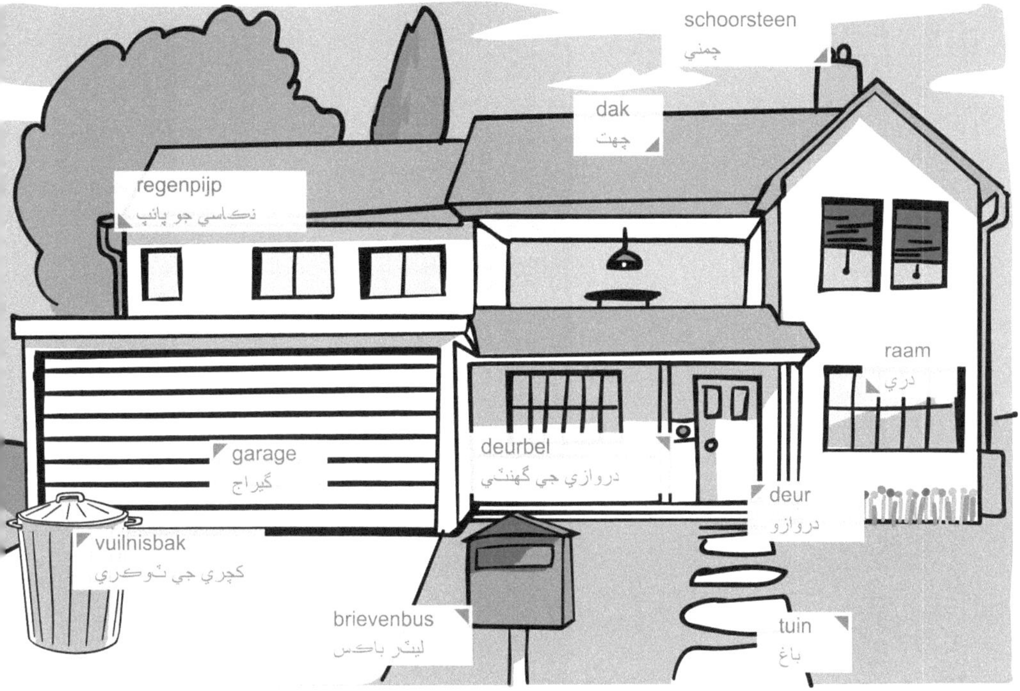

schoorsteen
چمني

dak
چھت

regenpijp
نکاسي جو پائپ

raam
دري

garage
گيراج

deurbel
دروازي جي گھنٽي

deur
دروازو

vuilnisbak
کچري جي ٽوڪري

brievenbus
ليٽر باڪس

tuin
باغ

woonkamer

لوونگ روم

badkamer

غسل خانو

keuken

بؤرچي خانو

slaapkamer

بيڊروم

kinderkamer

ٻارن جو ڪمرو

eetkamer

ڊائننگ روم

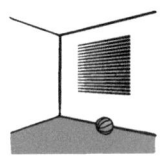

vloer

..................

فرش

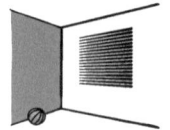

muur

..................

ديوار

plafond

..................

ڇت

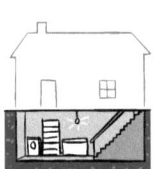

kelder

..................

تهخانو

sauna

..................

ٻاڦ وارو غسل

balkon

..................

ٻالڪوني

terras

..................

ٽيرس

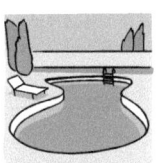

zwembad

..................

تلاءُ

grasmaaier

..................

گاهه ڪٽڻ واري مشين

dekbedovertrek

..................

چادر

dekbed

..................

چادر

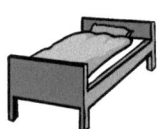

bed

..................

ٻيڊ

bezem

..................

جهاڙو

emmer

..................

ٻالٽي

schakelaar

..................

سوئچ

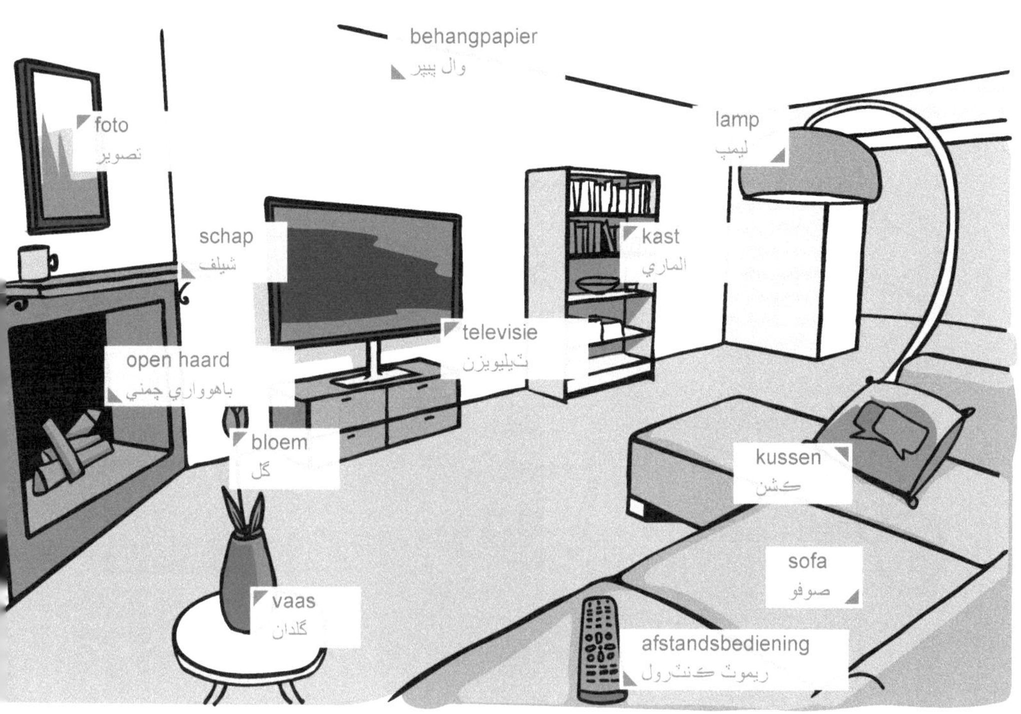

behangpapier
وال پیپر

foto
تصویر

lamp
لیمپ

schap
شیلف

kast
الماري

open haard
باهووارى چمني

televisie
ټلیویزن

bloem
گل

kussen
کشن

sofa
صوفو

vaas
گلدان

afstandsbediening
ریموټ کنټرول

mat

قالین

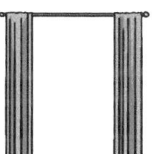

gordijn

پردو

tafel

میز

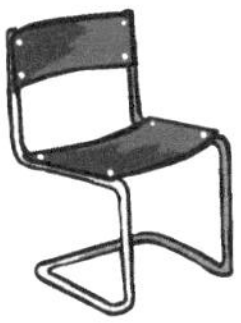

stoel

کرسي

schommelstoel

لڼ وارى کرسي

fauteuil

أرام کرسي

boek

ڪتاب

deken

ڪمبل

decoratie

آرائش

brandhout

ٻارڻ واريون ڪاٺيون

film

فلم

stereo-installatie

هائي فائي

sleutel

چابي

krant

اخبار

schilderij

پينٽنگ

poster

پوسٽر

radio

ريڊيو

notitieboekje

نوٽ بڪ

stofzuiger

ويڪيوم ڪلينر

cactus

ٿوهر جو ٻوٽو

kaars

ميڻ بتي

# keuken
# باورچي خانو

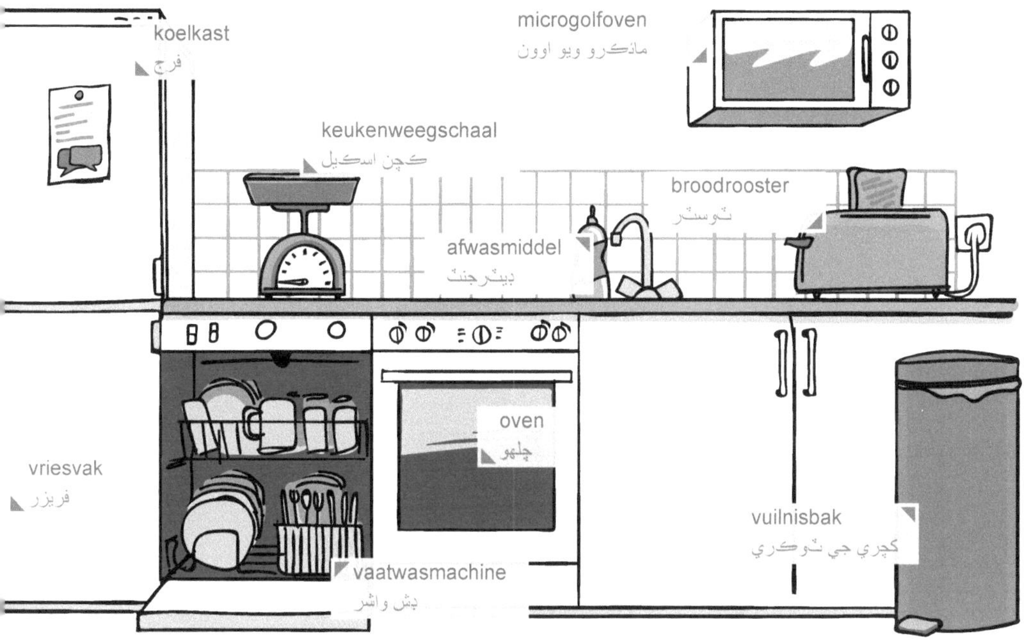

koelkast
فرج
microgolfoven
مائڪرو ويو اوون
keukenweegschaal
broodrooster
afwasmiddel
oven
vriesvak
فريزر
vuilnisbak
vaatwasmachine
ڊش واشر

fornuis
ڪُڪر

pot
ٿانو

gietijzeren pot
ڪاسٽ آئرن جا ٿانو

wok / kadai
ڪڙهائي

pan
ترڙ وارو ٿانو

waterkoker
ڪيٽلي

stoomkoker

اسټيمر

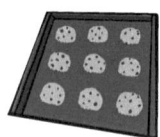

bakplaat

بيکنګ ټري

servies

کراکري

mok

مګ

kom

پيالو

eetstokjes

چاپ اسټکس

pollepel

ډوئي

spatel

ټفتي

garde

سبزي مکسر

vergiet

چهاڼي

zeef

چهاڼي

rasp

کدو کش وارو اوزار

mortier

اکري

barbecue

بار بي کيو

haardvuur

کليل باه

snijplank

..................

سبزي ڪٽڻ وارو بورڊ

deegrol

..................

ويلڻ

kurkentrekker

..................

ڪارڪ اسڪريو

blik

..................

ڪين

blikopener

..................

ڪين اوپنر

pannenlap

..................

ٿانو پڪڙڻ وارو ڪپڙو

gootsteen

..................

سنڪ

borstel

..................

برش

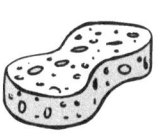

spons

..................

اسفنج

blender

..................

بليندر

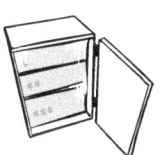

vriezer

..................

ڊيپ فريزر

papfles

..................

ٻار جي بوتل

kraan

..................

نل

# badkamer

# غسل خانو

verwarming
douche
شاور
handdoek
douchegordijn
شاور کرټین
bubbelbad
ببل باټ
badkuip
glas
wasmachine
واشنګ مشین
kraan
نل
tegels
kinderpo
gootsteen
سنک

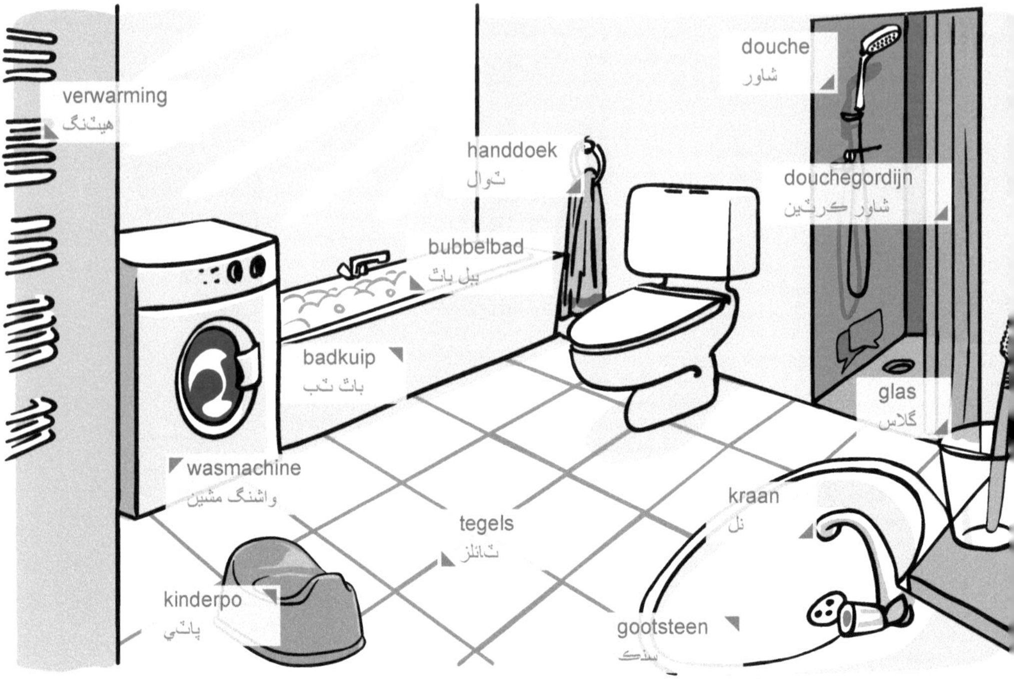

toilet

ټائلټ

hurktoilet

اوکژو ویهڅ وارو ټوائلټ

bidet

شرم ګاه ډونڅ وارو ټب

urinoir

پیشاب ګاه

toiletpapier

ټائلټ پیپر

toiletborstel

ټائلټ برش

tandenborstel

ټوته برش

tandpasta

ټوته پیسټ

flosdraad

ډینټل فلاس

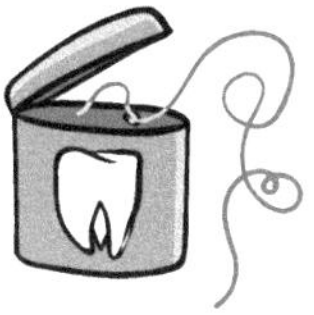

wassen

ډوئن

handdouche

هینډ شاور

bidethanddouche

شاور

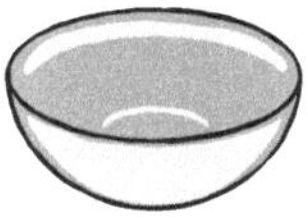

waskom

بیک برش

rugborstel

بیک برش

zeep

صابن

douchegel

شاور جیل

shampoo

شیمپو

washandje

فلالین

afvoer

ډرین

crème

کریم

deodorant

ډیوډورنټ

spiegel

...................

ائینو

handspiegel

...................

هٹ م پکڑن وارو ائینو

scheermes

...................

ریزر

scheerschuim

...................

شیونګ فوم

aftershave

...................

آفټر شیو

kam

...................

ڤٹي

borstel

...................

برش

haardroger

...................

هیئر برائیر

haarlak

...................

هیئر اسپري

make-up

...................

میک اپ

lippenstift

...................

سرخي

nagellak

...................

نیل وارنش

watten

...................

کپه

nagelknipper

...................

نیل سیزر

parfum

...................

پرفیوم

toilettas

.................

واش بيگ

kruk

.................

اسٽول

weeg̀schaal

.................

وزن ڪرڻ واري مشين

badjas

.................

باٿ روب

latex handschoenen

.................

ربڙ جا دستانا

tampon

.................

ٽيمپون

maandverband

.................

صفائي وارو ٽاول

chemisch toilet

.................

ڪيميائي ٽوائلٽ

# kinderkamer

## ٻارن جو ڪمرو

wekker
الارم ڪلاڪ
knuffel
ڪبلي ٽوائي
speelgoedauto
رانديڪي واري ڪار
rammelaar
جهنجهٽو
poppenhuis
geschenk
گفٽ

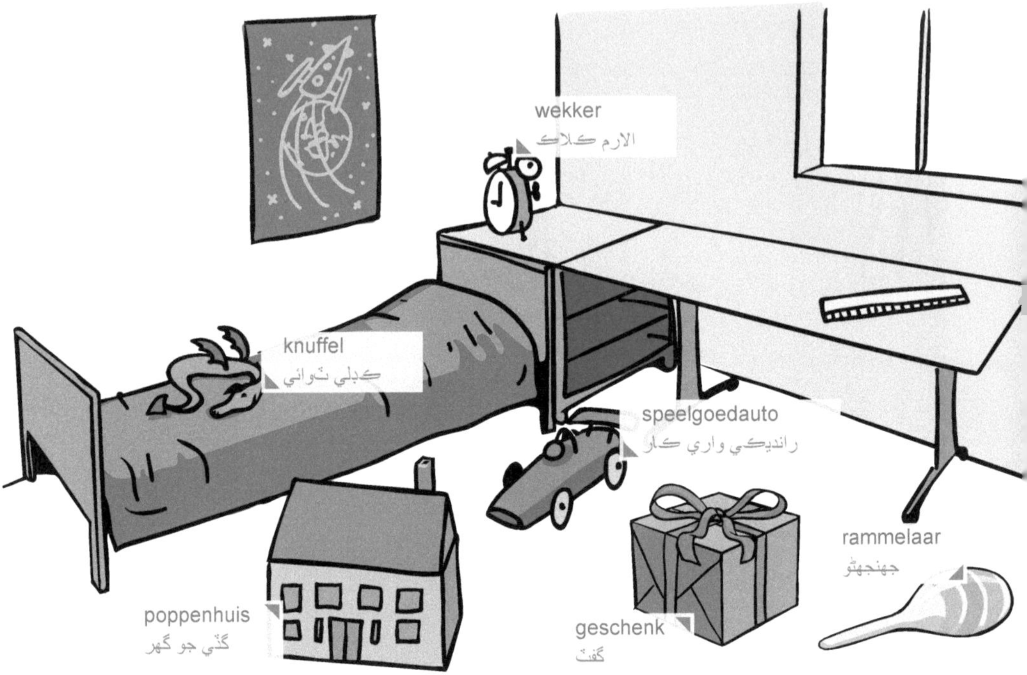

ballon

..................

ڦوڪڻو

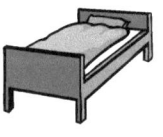

bed

..................

بيڊ

kinderwagen

..................

ٻار جي گاڏي

spel kaarten

..................

ڊيڪ آف ڪارڊز

puzzel

..................

جگسا

stripboek

..................

ڪامڪ

legoblokjes

ليگوبرگس

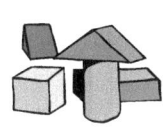

blokken

رانديڪن وارا بلاڪس

actiefiguur

ايڪشن فگر

kruippakje

ٻيبي گرو

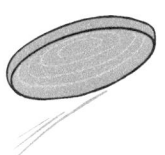

frisbee

فرسبي

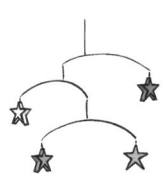

mobiel

رانديڪي واري موبائل

bordspel

بورڊ گيم

dobbelsteen

چهڪو

modelspoorweg

ماڊل ٽرين سيٽ

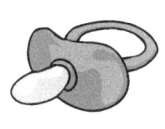

fopspeen

ٻارن جي چوسڻ واري نپل

feest

پارٽي

prentenboek

تصوير واري ڪتاب

bal

بال

pop

گڏي

spelen

ڪيڏڻ

zandbak

سينڊ پٽ

schommel

جهولا

speelgoed

رانديڪا

spelconsole

وڊيو گيم ڪنسول

driewieler

ٽن ڦيٿن واري سائيڪل

knuffelbeer

ٽيڊي بيئر

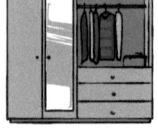

kleerkast

ڪپڙن جي الماري

# kleding

## لباس

sokken

جرابا

kousen

اسٽاڪنگز

maillot

ٽائٽس

sjaal
اسكارف

paraplu
چتری

T-shirt
ٹی شرٹ

riem
بيلٹ

laarzen
بوٹ

slippers
چپل

sneakers
جاگر شوز

sandalen
سينڈل

schoenen
جوتا

rubberlaarzen
ربڑ جا بوٹ

onderbroek
انڈرپينٹس

beha
بریزر

onderhemd
واسكٹ

kleding - لباس          45

lichaam

جسم

broek

پتلون

jeans

جينز پينٽ

rok

اسڪرٽ

blouse

چولو

hemd

قميض

trui

جرسي

capuchontrui

هوبي

blazer

بليزر

jas

جيڪٽ

jas

ڪوٽ

regenjas

بارش ۾ پائڻ وارو ڪوٽ

kostuum

پوشاڪ

jurk

لباس

trouwjurk

شادي جولباس

pak

سوٽ

nachthemd

نائٽ گاؤن

pyjama

پاجامو

sari

ساڙي

hoofddoek

مٿي تي ٻڌڻ وارو اسڪارف

tulband

پڳڙي

boerka

برقعو

kaftan

ڪفتان

abaya

عبايو

badpak

تيراڪي جو لباس

zwembroek

چڏي

short

نيڪر

trainingspak

ٽريڪ سوٽ

schort

ايپرن

handschoenen

دستانا

knoop
................
بټن

bril
................
چشمو

armband
................
بریسلیټ

ketting
................
هار

ring
................
منډي

oorbel
................
واليون

pet
................
ټوپي

kapstok
................
کوټ هينګر

hoed
................
ټوپي

das
................
ټائي

rits
................
زپ

helm
................
هيلمټ

bretellen
................
بريسز

schooluniform
................
اسکول يونيفارم

uniform
................
وردي

slabbetje

بارن لاء ڳلي ۾ ٻڌڻ وارو ڪپڙو

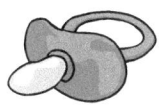

fopspeen

بارن جي چوسڻ واري نپل

luier

ڪڇو

# kantoor

## آفس

server
سرور
dossierkast
فائلن جي الماري
printer
پرنٽر
papier
ڪاغذ
monitor
مانيٽر
muis
ماؤس
bureau
ميز
map
فولڊر
toestenbord
ڪي بورڊ
papiermand
ردي جي ٽوڪري
computer
ڪمپيوٽر
stoel
ڪافي مگ

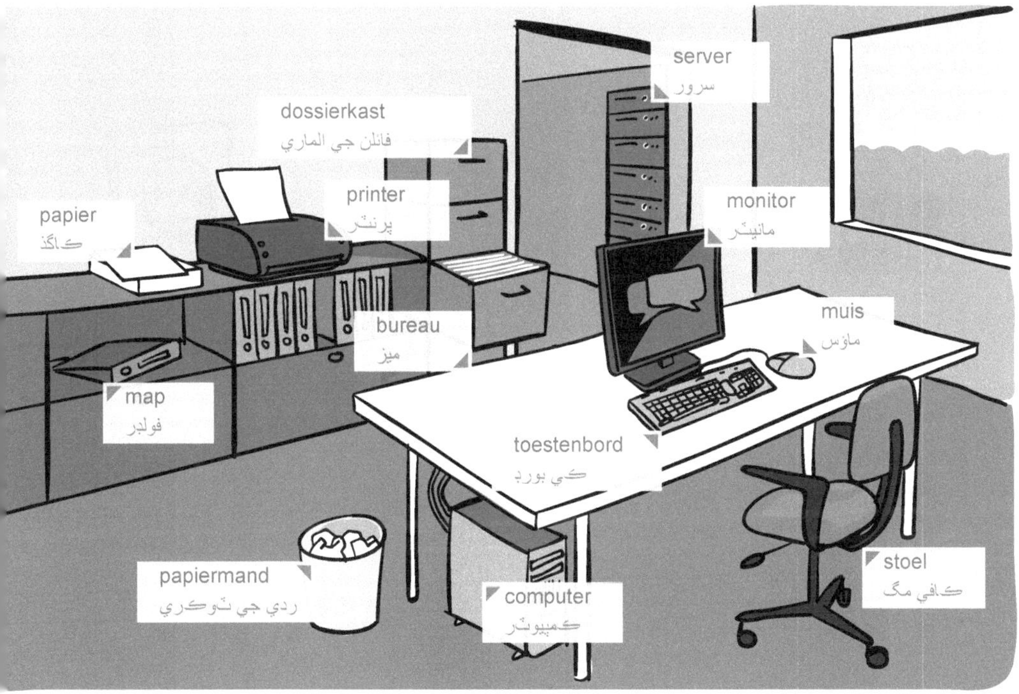

koffiemok

ڪافي مگ

rekenmachine

ڪيلڪيوليٽر

internet

انٽرنيٽ

laptop

ليپ ٽاپ

brief

خط

bericht

پيغام

gsm

موبائل

netwerk

نيٽ ورڪ

kopieerapparaat

فوٽو ڪاپي ڪرڻ واري مشين

software

سافٽ ويئر

telefoon

ٽيلي فون

stopcontact

پلگ ساڪٽ

fax

فيڪس مشين

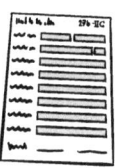

formulier

فارم

document

دستاويز

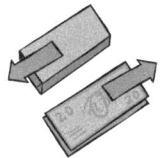

kopen

خرید کرنا

betalen

ادا کرنا

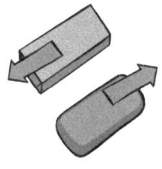

handelen

صاف کرنا

geld

پیسا

dollar

ڈالر

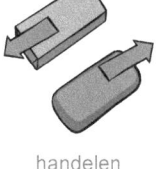

euro

یورو

yen

ین

roebel

روبل

Zwitserse frank

سوئس فرانک

Chinese renminbi

رینمنبی یوان

roepie

روپیو

geldautomaat

کیش پوائنٹ

wisselkantoor

رقم تبديل ڪرائڻ جي آفيس

goud

سون

zilver

چاندي

olie

خام تيل

energie

توانائي

prijs

قيمت

contract

معاهدو

belasting

ٽيڪس

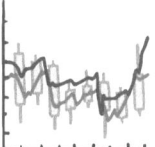

aandeel

ذخيرو

werken

ڪم ڪرڻ

werknemer

ملازم

werkgever

آجر

fabriek

فيڪٽري

winkel

دڪان

politieagent
پولیس آفیسر
brandweerman
فائیر مین
kok
باورچي
dokter
ډاکټر
piloot
پائلټ

tuinman

مالي

timmerman

وادو

naaister

درزن

rechter

جج

chemicus

کیمیسټ

acteur

اداکار

buschauffeur

..................

بس ڊرائيور

taxichauffeur

..................

ٽيڪسي ڊرائيور

visser

..................

مڇي مارڻ وارو

schoonmaakster

..................

صفائي ڪرڻ واري مائي

dakdekker

..................

ڇت ٺاهڻ وارو

ober

..................

ويٽر

jager

..................

شڪاري

schilder

..................

رنگ ساز

bakker

..................

نانوائي

elektricien

..................

اليڪٽريشن

bouwvakker

..................

بلڊر

ingenieur

..................

انجنيئر

slager

..................

ڪاسائي

loodgieter

..................

پلمبر

postbode

..................

پوسٽ مين

soldaat

سپاهي

architect

آرکیټیکټ

kassier

خزانچي

bloemist

ګل کپاڼ وارو

kapper

نائي

conducteur

کنډکټر

mecanicien

مکينک

kapitein

کپتان

tandarts

ډينټسټ

wetenschapper

سائنسدان

rabbijn

يهودي عالم

imam

امام

monnik

راهب

geestelijke

پادري

# werktuigen
# اوزار

tang
پلاس
hamer
schroevendraaier
zaklamp
schroefsleutel
پانو

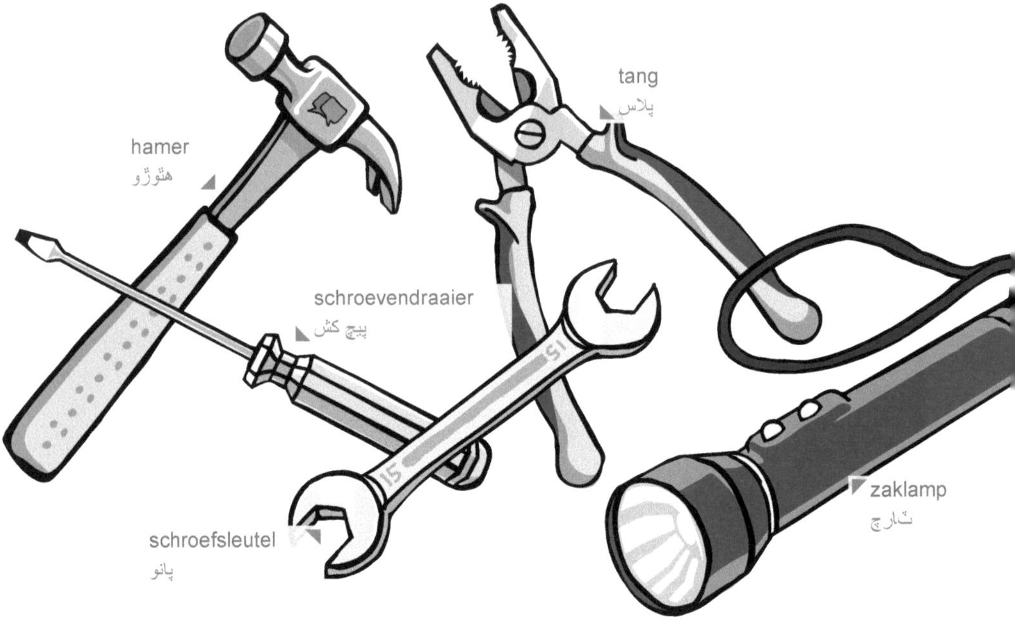

graafmachine

ايڪسڪويٽر

gereedschapskoffer

ٽول باڪس

ladder

ڏاڪڻ

zaag

آري

spijkers

ڪوڪو

boormachine

ڊرل

repareren

مرمت ڪرڻ

schop

بيلچو

Verdomme!

لعنت هجي!

blik

ڪچري دان

verfpot

پينٽ وارو دٻو

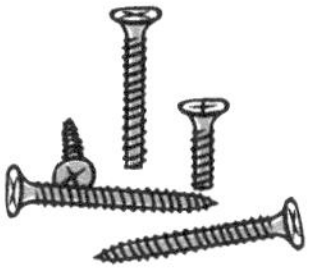

schroeven

پيچ

# muziekinstrumenten

## موسيقي جا اوزار

luidspreker
لاؤڊ اسپيڪر
drumstel
ڊبل باس
gitaar
گٽار
contrabas
ڊبل باس
trompet
توتاري

piano

پيانو

viool

وائلن

basgitaar

گٽار

pauk

ٽمپاني

trommels

ڊرم

keyboard

ڪي بورڊ

saxofoon

سيڪوفون

fluit

بانسري

microfoon

مائيڪروفون

# چڙيا گهر

ingang
داخل ٿيڻ جو رستو
tijger
چيتا
kooi
پڃرو
zebra
زيبرا
diereneten
جانورن جي خوراڪ
panda
پانڊو

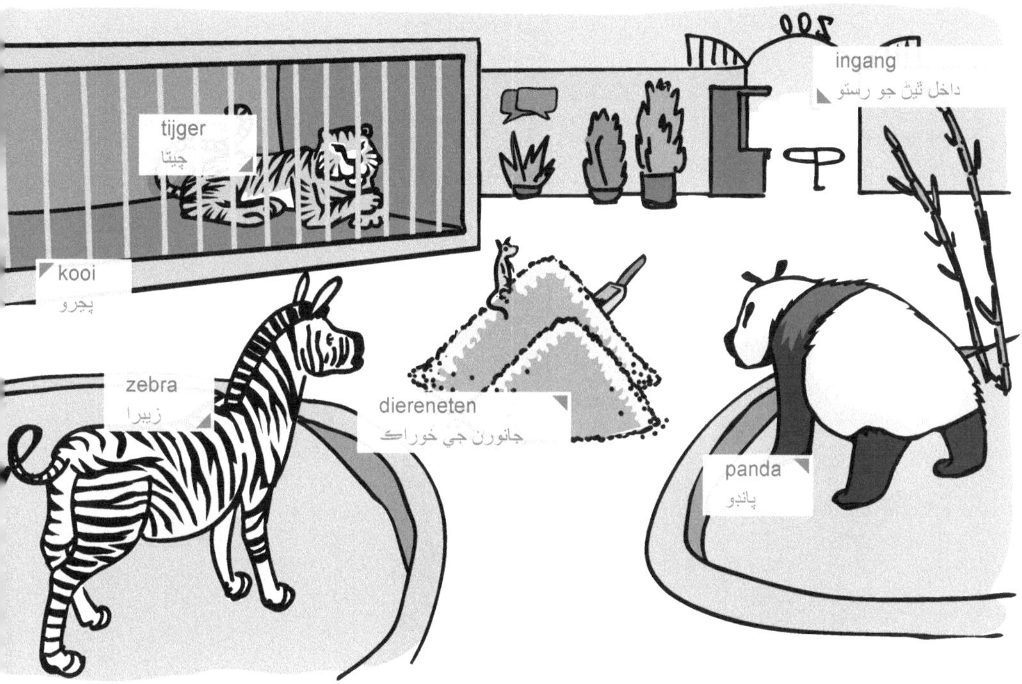

dieren
جانور

olifant
هاٿي

kangoeroe
ڪينگرو

neushoorn
گينڊو

gorilla
گوريلو

beer
رڇ

kameel

اٺ

struisvogel

شتر مرغ

leeuw

شينهن

aap

ٻولڙو

flamingo

فليمنگو

papegaai

طوطو

ijsbeer

برفاني رڇ

pinguïn

ڪبوتر

haai

شارڪ

pauw

مور

slang

نانگ

krokodil

واڳون

dierenverzorger

چڙيا گھر جو محافظ

zeehond

گوج مڇي

jaguar

چيتو

pony

ٽٽون

luipaard

چيتو

nijlpaard

دريائي گهوڙو

giraffe

چزراف

adelaar

باز

wild zwijn

سوئر

vis

مڇي

zeeschildpad

ڪمي

walrus

سامونڊي گهوڙو

vos

لومڙي

gazelle

هرڻ

rugby
امريكن فوټبال

wielrennen
سائكلنگ

tennis
ټينس

basketbal
باسكت بال

zwemmen
تيراكي

boksen
باكسنگ

ijshockey
أئس هاكي

voetbal
فوټبال

badminton
بيډمنټن

atletiek
ايتهلينكس

handbal
هينډ بال

skiën
اسكينگ

polo
پولو

# activiteiten

## سرگرميون

lachen
springen
knuffelen
wandelen
zingen
dromen
bidden
kussen

schrijven

لکڻ

tekenen

تصوير ڪشي ڪرڻ

tonen

ڏيکارڻ

duwen

ڌڪو ڏيڻ

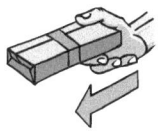

geven

ڏيڻ

nemen

وٺڻ

hebben

رکڻ

doen

ڪرڻ

zijn

ٿيڻ

staan

بيهڻ

lopen

ڀڄڻ

trekken

ڇڪڻ

gooien

اڇلائڻ

vallen

ڪرڻ

liggen

ڪوڙ ڳالهائڻ

wachten

اندظار ڪرڻ

dragen

کڻي وڃڻ

zitten

ويهڻ

aankleden

تيار ٿيڻ

slapen

سمهڻ

ontwaken

جاڳڻ

kijken naar

..................

ڏسڻ

wenen

..................

روئڻ

aaien

..................

ڌڪ هڻڻ

kammen

..................

ڪنگي ڪرڻ

praten

..................

ڳالهائڻ

begrijpen

..................

سمجهڻ

vragen

..................

پڇڻ

luisteren

..................

ٻڌڻ

drinken

..................

پيئڻ

eten

..................

کائڻ

opruimen

..................

صاف ڪرڻ

houden van

..................

پيار ڪرڻ

koken

..................

پچائڻ

rijden

..................

گاڏي هلائڻ

vliegen

..................

اڏرڻ

zeilen

.................

بحري سفر ڪرڻ

rekenen

.................

حساب ڪرڻ

Lezen

.................

پڙهڻ

leren

.................

سکڻ

werken

.................

ڪم ڪرڻ

trouwen

.................

شادي ڪرڻ

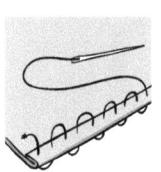

naaien

.................

سبڻ

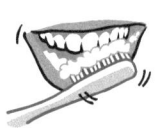

tandenpoetsen

.................

ڏندن کي برش ڪرڻ

doden

.................

قتل ڪرڻ

roken

.................

سگريٽ پيئڻ

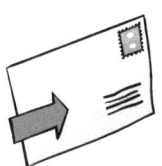

sturen

.................

موڪلڻ

# familie
# خاندان

grootmoeder
ڏاڏي يا ناني
grootvader
ڏاڏو يا نانو
vader
moeder
ماءُ
baby
dochter
zoon

gast

مهمان

tante

چاچي

oom

چاچو

broer

ڀاءُ

zus

ڀيڻ

# lichaam

## جسم

voorhoofd
پيشاني
oog
اک
gezicht
منهن
kin
borst
ڇاتي
vinger
hand
هٿ
arm
schouder
been
ٽنگ

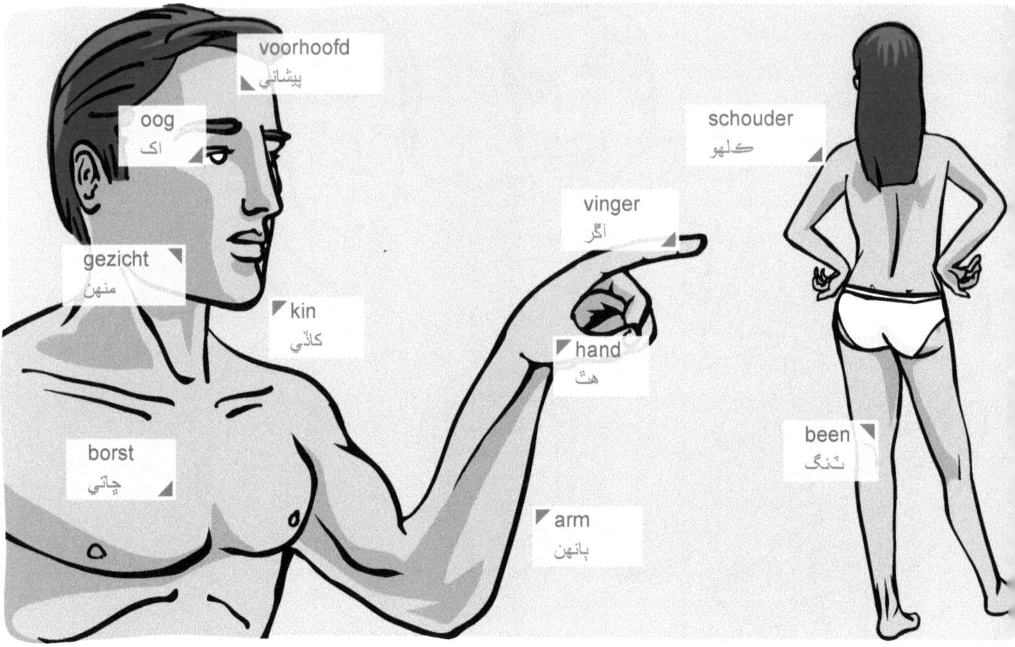

baby

ٻار

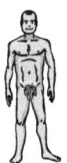

man

ماڻهون

vrouw

عورت

meisje

ڇوڪري

jongen

ڇوڪرو

hoofd

مٿو

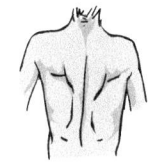

rug

پٺي

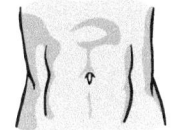

buik

پيٽ

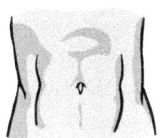

navel

ڌن

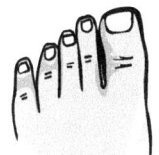

teen

پير جو آڱوٺو

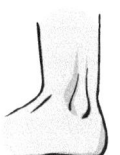

hiel

کڙي

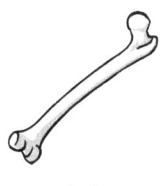

bot

هڏي

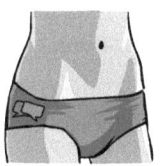

heup

ٻنڊڻ

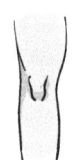

knie

گوڏو

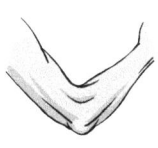

elleboog

ٺونٺ

neus

نڪ

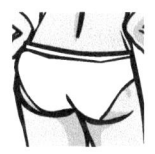

zitvlak

هيٺيون حصو

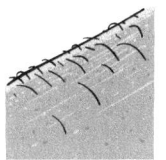

huid

کل

wang

ڳل

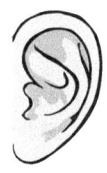

oor

ڪن

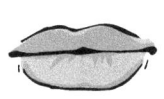

lip

چپ

mond

وات

tand

ڎند

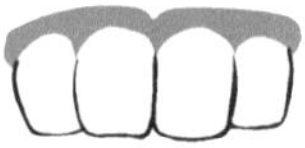

tong

ژبان

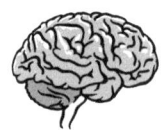

hersenen

دماغ

hart

دل

spier

ڎورو

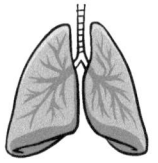

long

قفژ

lever

جگر

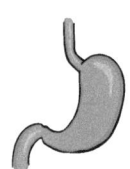

maag

معدو

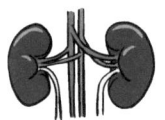

nieren

گردا

seks

جماع کرڅ

condoom

کندوم

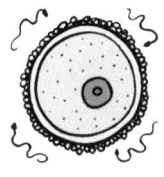

eicel

بيضه

sperma

مني

zwangerschap

حمل

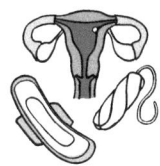

menstruatie

..................

حيض

vagina

..................

ٻچيداني جي نالي

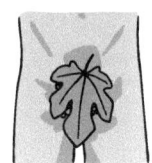

penis

..................

مردانو مخصوص عضوو

wenkbrauw

..................

ڀرون

haar

..................

وار

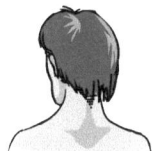

nek

..................

ڳچي

# ziekenhuis

# اسپتال

ambulance
اينبولنس
rolstoel
ويل چيئر
breuk

dokter

ڊاڪٽر

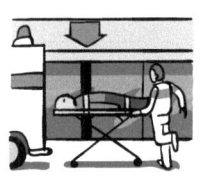

spoed

هنگامي ڪمرو

verpleegkundige

نرس

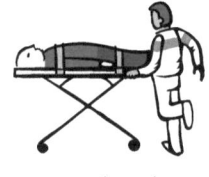

noodgeval

ايڪسري

bewusteloos

بيهوش

pijn

سور

verwonding
زخم

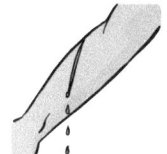

bloeding
رت وهڻ

hartaanval
دل جو دورو

beroerte
فالج

allergie
الرجي

hoest
کنگهه

koorts
بخار

griep
زڪام

diarree
دست

hoofdpijn
مٿي جو سور

kanker
ڪينسر

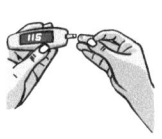

diabetes
ذيابيطس

chirurg
سرجن

scalpel
جراحي بليڊ

operatie
اپريشن

CT

سي ٽي

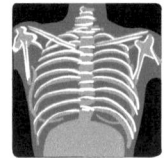

röntgenstraal

ايڪسري

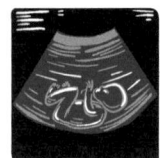

ultrageluid

الٽراسائونڊ

gezichtsmasker

منهن جي ماسڪ

ziekte

بيماري

wachtkamer

انتظار ڪرڻ جو ڪمرو

kruk

بيساکهي

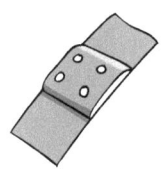

pleister

پالاسٽر

verband

پٽي

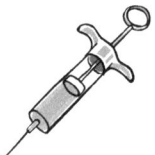

injectie

انجيڪشن

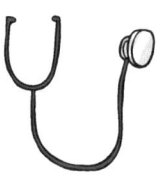

stethoscoop

اسٽيٿوسڪوپ

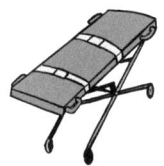

brancard

اسٽريچر

thermometer

ٿرماميٽر

geboorte

پيدائش

overgewicht

موٽاپو

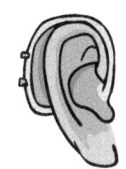

hoorapparaat

ٻڌڻ واري ڊيوائس

ontsmettingsmiddel

جراثيم ڪش

infectie

انفيڪشن

virus

وائرس

HIV / AIDS

ايچ آئی وي / ايڊز

medicijn

دوا

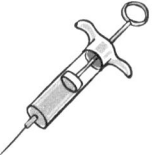

vaccinatie

ويڪسينيشن

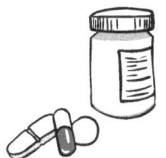

tabletten

ٽڪي

pil

گوري

noodoproep

هنگامي ڪال

bloeddrukmeter

بلڊ پريشر مانيٽر

ziek / gezond

بيمار / صحت

# noodgeval

## ايڪسري

Help!

..................

مدد

alarm

..................

الارم

overval

..................

جسماني حملو ڪرڻ

aanval

..................

حملو ڪرڻ

gevaar

..................

خطره

nooduitgang

..................

هنگامي حالت ۾ نڪرڻ جو رستو

Brand!

..................

باھ

brandblusser

..................

باھ وسائڻ جو اوزار

ongeval

..................

حادثو

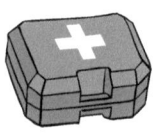

EHBO-kit

..................

ابتدائي طبي امداد

SOS

..................

ايس او ايس

politie

..................

پوليس

# aarde

## زمین

Europa

یورپ

Noord-Amerika

اتر امریکا

Zuid-Amerika

ڈکھن امریکا

Afrika

آفریقا

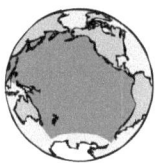

Azië

ایشیا

Australië

استریلیا

Atlantische Oceaan

اٹلانٹک

Stille Oceaan

پیسفک

Indische Oceaan

بحر ہند

Antarctische Oceaan

انٹارکٹک سمند

Arctische Oceaan

آرکٹک سمند

Noordpool

اتر قطب

Zuidpool

ذکڼ قطب

Antarctica

انټارکټيکا

aarde

زمين

land

زمين

zee

سمند

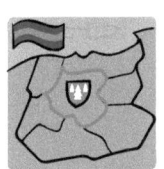

eiland

جزيرو

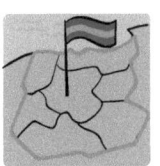

natie

قوم

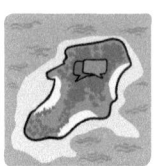

staat

رياست

wijzerplaat

..................

گهڙي جو سامهون حصو

uurwijzer

..................

ڪلاڪ واري سوئي

minuutwijzer

..................

منٽ واري سوئي

secondewijzer

..................

سيڪنڊن واري سوئي

Hoe laat is het?

..................

ٽائم گهڻو ٿيو اهي؟

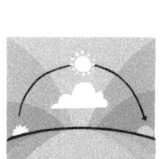

dag

..................

ڏينهن

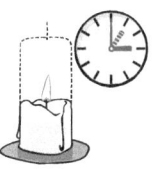

tijd

..................

وقت

nu

..................

هاڻي

digitale horloge

..................

ڊجيٽل گهڙي

minuut

..................

منٽ

uur

..................

ڪلاڪ

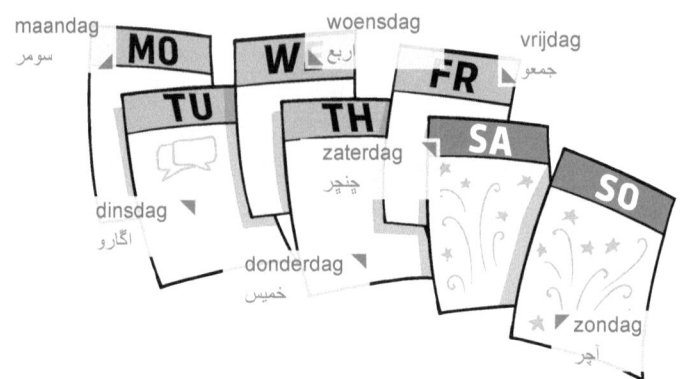

maandag
سومر

dinsdag
اگارو

woensdag
اربع

donderdag
خميس

zaterdag
چنڇر

vrijdag
جمعو

zondag
آچر

gisteren

كله

vandaag

اڄ

morgen

سڀاڻي

ochtend

صبح

middag

منجهند

avond

شام

| MO | TU | WE | TH | FR | SA | SU |
|---|---|---|---|---|---|---|
| 1 | 2 | 3 | 4 | 5 | 6 | 7 |
| 8 | 9 | 10 | 11 | 12 | 13 | 14 |
| 15 | 16 | 17 | 18 | 19 | 20 | 21 |
| 22 | 23 | 24 | 25 | 26 | 27 | 28 |
| 29 | 30 | 31 | 1 | 2 | 3 | 4 |

werkdagen

كاروباري ڏينهن

| MO | TU | WE | TH | FR | SA | SU |
|---|---|---|---|---|---|---|
| 1 | 2 | 3 | 4 | 5 | 6 | 7 |
| 8 | 9 | 10 | 11 | 12 | 13 | 14 |
| 15 | 16 | 17 | 18 | 19 | 20 | 21 |
| 22 | 23 | 24 | 25 | 26 | 27 | 28 |
| 29 | 30 | 31 | 1 | 2 | 3 | 4 |

weekend

هفتي جو آخر

# jaar
## سال

regen
برسات
regenboog
انڊلٺ
wind
هوا
sneeuw
برف
lente
بهار
herfst
خزان
zomer
گرمي جي موسم
winter
سردي جي موسم

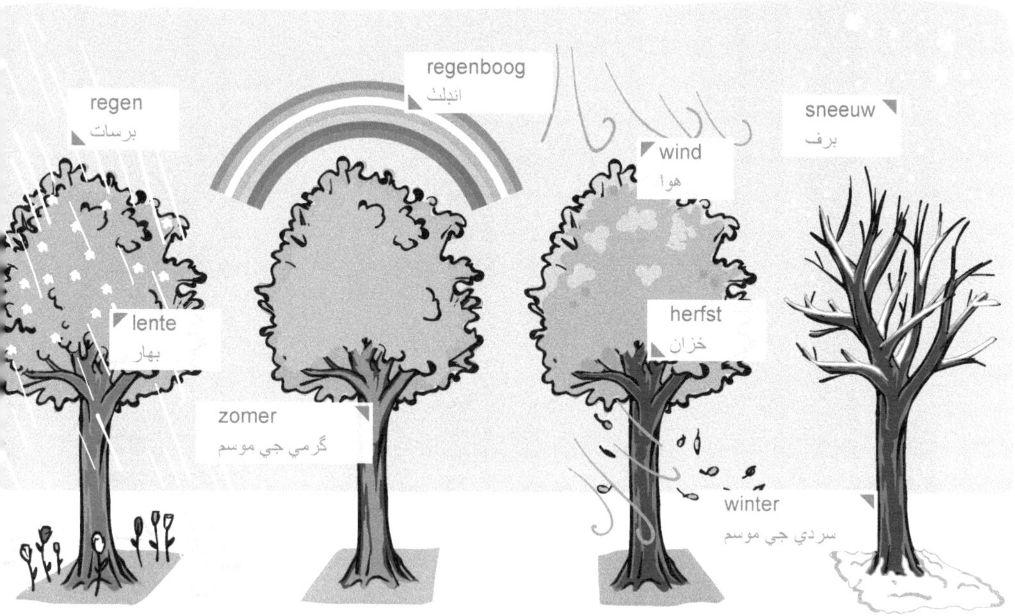

weervoorspelling
موسم جي پيشنگوهي

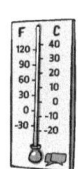

thermometer
ٿرماميٽر

zonneschijn
اُس

wolk
بادل

mist
ڌنڌ

vochtigheid
نمي

bliksem

آسماني بجلي

donder

ٿرماميٽر

storm

طوفان

hagel

ڳڙن جو مينهن

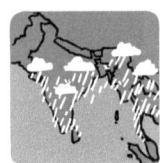

moesson

مون سون

overstroming

ٻوڏ

ijs

برف

januari

جنوري

februari

فيبروري

maart

مارچ

april

اپريل

mei

مئي

juni

جون

juli

جولاني

augustus

آگسٽ

september

سپټمبر

oktober

آکټوبر

november

نوبمر

december

دسمبر

# vormen

# شکلونه

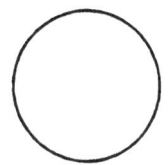

cirkel

دائرو

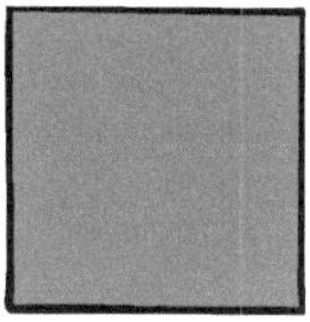

kwadraat

چکور

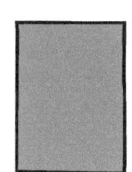

rechthoek

مستطیل

driehoek

ټکنبي

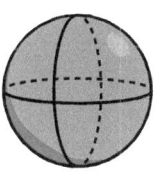

bol

کره

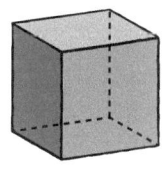

kubus

کعب

# kleuren

## ڪلر

wit

..................

اڇو

geel

..................

پيلو

oranje

..................

نارنجي

roze

..................

گلابي

rood

..................

ڳاڙهو

paars

..................

جامني

blauw

..................

نيرو

groen

..................

سائو

bruin

..................

ناسي

grijs

..................

ڀورو

zwart

..................

ڪارو

veel / weinig

..................

گهڻو / ٿورو

boos / kalm

..................

ناراض / پر سڪون

mooi / lelijk

..................

خوبصورت / بدصورت

begin / einde

..................

شروعات / ختم

groot / klein

..................

وڏو / ننڍو

licht / donker

..................

روشني / اونده

broer / zus

..................

ڀيڻ / ڀائي

proper / vuil

..................

صاف / خراب

volledig / onvolledig

..................

مڪمل / نا مڪمل

dag / nacht

..................

ڏينهن / رات

dood / levend

..................

مرده / زنده

breed / smal

..................

ٻگهو / تنگ

eetbaar / oneetbaar

کائڻ قابل نه هجڻ / کائڻ جي قابل هجڻ

kwaadaardig / vriendelijk

برو / سٺو

opgewonden / verveeld

پرجوش / بوريت جوشڪار

dik / dun

موٽو / پتلو

eerst / laatst

پهريون / آخري

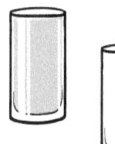

vriend / vijand

دوست / دشمن

vol / leeg

پريل / خالي

hard / zacht

سخت / نرم

zwaar / licht

ڳورو / هلڪو

honger / dorst

بک / اڃ

ziek / gezond

بيمار / صحت

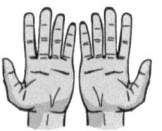

illegaal / legaal

غيرقانون / قانوني

intelligent / dom

عقلمند / بيوقوف

links / rechts

سڌو / ابتو

dichtbij / veraf

ويجهي / پري

nieuw / gebruikt

نئون / استعمال ٿيل

niets / iets

ڪجھ به نه / ڪجھ

oud / jong

پوڙهو / نوجوان

aan / uit

آن / آف

open / dicht

کليل / بند

stil / luid

خاموش / بلند آواز سان

rijk / arm

امير / غريب

juist / fout

صحيح / غلط

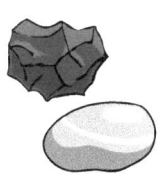

ruw / glad

کهرو / لسو

droevig / blij

غمگين / خوش

kort / lang

مختصر / ڊگهو

traag / snel

آهسته / تيز

nat / droog

آلو / سڪل

warm / koud

گرم / ٿڌو

oorlog / vrede

جنگ / امن

# cijfers

## نمبرز

| | | |
|---|---|---|
| 0 | 1 | 2 |
| nul | één | twee |
| زيرو | هڪ | ٻه |
| 3 | 4 | 5 |
| drie | vier | vijf |
| ٽي | چار | پنج |
| 6 | 7 | 8 |
| zes | zeven | acht |
| ڇه | ست | اٺ |
| 9 | 10 | 11 |
| negen | tien | elf |
| نوَ | ڏه | يارهن |

**12**

twaalf

ٻارهن

**13**

dertien

تيرهن

**14**

veertien

چوڏهن

**15**

vijftien

پندرهن

**16**

zestien

سورهن

**17**

zeventien

سترهن

**18**

achtien

ارڙهن

**19**

negentien

اوڻويه

**20**

twintig

ويه

**100**

honderd

سو

**1.000**

duizend

هزار

**1.000.000**

miljoen

ڏه لک

# Talen

## پوليون

Engels

انگريزي

Amerikaans Engels

امريکي انگريزي

Chinees (Mandarijn)

چيني مينډارن

Hindi

هندي

Spaans

اندلسي پولي

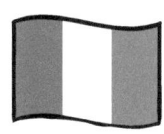

Frans

فرانسيسي

Arabisch

عربي

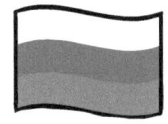

Russisch

روسي

Portugees

پرتگالي

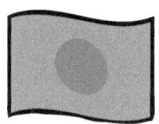

Bengali

بنگالي

Duits

جرمن

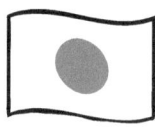

Japans

جاپاني

# wie / wat / hoe
# ڪير / چا / ڪيئن

ik

مان

u

تون

hij / zij / het

هي چوڪري/ هي چوڪرو / هو

wij

اسان

u

تون

ze

هو

wie?

ڪير؟

wat?

چا؟

hoe?

ڪيئن

waar?

ڪٿي؟

wanneer?

ڪڏهن؟

naam

نالو

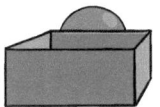

# waar
# ڪاٿي

achter

پويان

in

voor

جي سامهون

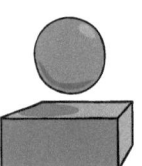

boven

مٿي

op

تي

onder

هيٺ

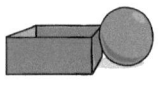

naast

گڏ

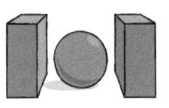

tussen

وچ ۾

plaats

جڳهه